AF358026

1882. 4 Mai

697 Chambre des Commissaires-Priseurs.
Envoi à la Bibliothèque Nationale
le

Vente du Jeudi 4 Mai 1882

HOTEL DROUOT, SALLE Nº 4

A DEUX HEURES

TABLEAUX

DESSINS, GRAVURES
AQUARELLES

MEUBLES ANCIENS

VIOLONS

EXPOSITION PUBLIQUE

Le Mercredi 3 Mai 1882, de une heure à cinq heures.

Mᵉ Henri **LECHAT**	M. E. **COTTÉE** fils
COMMIS^{re}-PRISEUR	EXPERT
Rue Baudin, 6 (square Montholon)	Boulevard Malesherbes, 18

PARIS — 1882

Vᵉ RENOU, MAULDE et COCK

IMPRIMEURS DE LA COMPAGNIE DES COMMISSAIRES-PRISEURS

Rue de Rivoli, 144.

CATALOGUE

DE

TABLEAUX

DESSINS, GRAVURES
AQUARELLES

MEUBLES ANCIENS

VIOLONS

DONT LA VENTE AUX ENCHÈRES AURA LIEU

HOTEL DROUOT, SALLE N° 4

Le Jeudi 4 Mai 1882

A DEUX HEURES

Par le ministère de M⁰ **Henri LECHAT**, Commissaire-Priseur,
rue Baudin, 6 (square Montholon),

Assisté de **M. E. COTTÉE fils**, Expert, boulevard Malesherbes, 18,

CHEZ LESQUELS SE TROUVE LE CATALOGUE.

EXPOSITION PUBLIQUE

Le Mercredi 3 Mai 1882, de une heure à cinq heures.

PARIS — 1882

CONDITIONS DE LA VENTE

—

Elle sera faite au comptant.

Les Acquéreurs paieront CINQ POUR CENT, en sus de adjudications, applicables aux frais.

TABLEAUX

—

BONINGTON

1 — Petit Port de mer.
2 — Barques de pêcheurs.

CALS

3 — Jeune Fille.

Étude.

DECAMPS

4 — Épisode de la campagne d'Algérie.
5 — Souvenirs d'Orient.

INCONNU

6 — Tête de vieille femme.

7 — David, la main sur une Harpe.

8 — Moines en prières.

LANCRET (D'après)

9 — Le Baiser.

Petit panneau.

10 — Scène de la Comédie italienne.

METSU (D'après G.)

11 — Le Marché.

POUSSIN (Attribué à N.)

12 — Testament d'Eudamidas.

13 — Le Christ et la Samaritaine.

OSTADE (D'après Van)

14 — Buveur.

TOCQUÉ (Louis)

15 — Portrait de M. de Lamoignon.

ÉCOLE ESPAGNOLE

16 — Tête d'homme.

ÉCOLE FLAMANDE

17 — Saint-Sébastien martyr.

ÉCOLE FRANÇAISE

18 — La Vierge et l'Enfant Jésus.

ÉCOLE ITALIENNE

19 — La Vierge.
20 — La Vierge et Jésus enfant.

ÉCOLE DE REMBRANDT

21 — Tête de vieillard.
22 — Le Rabbin.

DESSINS, AQUARELLES, GRAVURES

—

BEAUMONT (Édouard de)

23 — Une Machine à faire le vide.

Dessin rehaussé à la gouache.

BRY

24-25 — Deux Aquarelles.

Les cadres en bois sculpté.

ÉCOLE FRANÇAISE

26 — Jeune Femme endormie.

Pastel.

DARCY (D.-M.)

27 — Scène galante, d'après Watteau.

Gouache.

DEVÉRIA

28 — Jeune Femme étendue sur un divan.

DIAZ (Attribué à N.)

29 — La Lecture.

Aquarelle.

INCONNU

30 — Pêcheur.

Aquarelle.

LÉONARD DE VINCI

31 — Dessin à la plume.

MANSSOU

32 — Vue de Rouen.

Aquarelle.

POUSSIN (Nicolas)

33 — Triomphe de Bacchus.

Dessin à la plume.

34 — Dessin.

Sanguine.

VÉRONÈSE (Paul)

35 — Une Sainte prosternée devant Jésus enfant.

PRUD'HON

36 — La Vierge enlevée par les anges.

Sanguine.

RAFFET

37 — Cantinières de la garde mobile de 1848.

SAINT-AUBIN

38 — Le Dîner.

Sépia.

VILLEVIELLE

39 — Intérieur.

Fusain.

40 — La Ménagère.

Aquarelle.

———

41 — Dans un cadre : Trois Dessins par Charlet. — Un
Dessin par Bellangé.

42 — Dans un cadre : Une Aquarelle signée Darcy. —
Un Dessin par Gavarni. — Un Dessin par
Bellangé. — Un Dessin par Decamps. — Une
Sépia par Decamps. — Un Dessin par Jeanron.

43 — Dans un cadre : Un Dessin par David. — La Ba-
taille de la place Clichy, par Horace Vernet
(Sépia).

44 — Intéressante suite de Gravures anglaises en cou-
leurs, représentant des sujets de courses et de
chasses. — 1re série, deux planches. Finding
War-Turnips, d'après P. Hodges. — Gravé
par R.-G. Reeve.

45 — 2° série, quatre planches. Grand Steeple Chase,
d'après J. Pottard. Gravé par Harris.

46 — 3ᵉ série, deux planches. Steady Fly — Steady The
first Turn, d'après Davis. Gravé Reeve.

47 — Frère Luce, gravure.

48 — Vénus à la coquille, gravure.

MEUBLES

—

49 — Secrétaire époque de Louis XV, garni de bronzes
dorés. Travail hollandais.

50 — Table garnie de bronzes dorés. Même travail.

51 — Commode époque de Louis XV, garnie de bronzes
dorés. Travail français.

52 — 33 Violons arrivant d'Italie.

Vᵉ Renou, Maulde et Cock, imprs de la Compagnie des Commissaires-Priseurs,
rue de Rivoli 144.   28026

www.ingramcontent.com/pod-product-compliance
Lightning Source LLC
LaVergne TN
LVHW010906180726
843502LV00010B/3997